꽃이 된다는 희망

꽃이 된다는 희망

위성개

현대시학 시인선

※ 시인의 말

 글을 써온 지 시간이 많이 흘렀다. 그러나 변변한 책 한 권을 얻지 못했다. 게으른 탓이 먼저이겠지만 책을 만든다는 것, 그것은 혼탁한 세상을 어지럽히는 또 하나의 오물이 될 수 있을 거라는 생각이 우선이었다.

 그러던 차에 생각을 가지런히 할 필요가 있다는 생각이 들었다. 세상을 살아오면서 느꼈던 연민과 감사를 사람들에게 들려주고 싶었다. 지구는 어떻게 지키며 왜 지켜야 하는지 불의한 세상을 가만히 지켜만 보고 있을 것인지 희망이 적을진대 허무에 묻혀 좌절만 일삼을 것인지 등을 내보이고 싶었다. 꽃이 피어나도 그 꽃이 전부가 아닌 것을, 생명을 이어가도 그 생명이 무한하지 않듯이 무수히 부서지고 파괴된 삶의 편린들을 모으는 것이다.

 이러한 감정의 연장선에서 이 시대의 약자들은 어떻게 살아가고 있는지 나는 그들을 위해 무엇을 해야 하는 존재인지 곱씹으며 되새김을 통해 내놓아야 할 해답이 무엇인지 말해야 했다. 그리고 그들을 위한 따뜻함이, 진정한 아름다움이 얼마나 가치 있는 것인지 말하고 싶었다.

  시는 쓰는 그 순간 카르마와 같은 전율을 가져다주었다. 하지만 다른 한편에서는 벗어나기 힘든 형옥과도 같은 답답함, 무기력의 순간이기도 하였다. 그래도 자신에 대한 결핍을 알고 성찰의 시간을 보냈다는 것, 뿌리에 대한 그리움을 에둘러 표현해내는 방법을 알았다는 것이 성과였다. 고향, 어머니, 강물, 집 이런 것들이 집합되어 알 수 없는 사유를 만들어내기도 하였고 그곳에서의 집착이 새로운 세계로 다가서는 데 나의 행보를 방해하는 걸림돌이 되기도 하였다.

  결국 이러한 의식의 내면에는 글을 활자화하지 않으려는 의식과 그래도 한 번쯤은 세상에 드러내어 나만의 목소리를 들려주고픈 반의식이 충돌하는 시간이었으며 그 시간을 보낸 후 비로소 세상 앞에 마주 서고자 하는 용기를 얻었다.

2025년 가을

위성개

차례

: 시인의 말

1부 좌절과 희망을 품다

지금은 집으로 가자	14
함박눈	16
민들레꽃	18
꽃이 된다는 희망	20
백무동에 가면	22
꽃이 피고 져도	24
폭우 내리던 밤	26
눈물이 나요	28
이별은 오후 4시에	30
실연失戀	32
설야	33
어떻게 너를 잊을 수 있겠어	34
선유도에서	36
눈사람	38

2부 지구를 생각하다

숨 쉬는 마네킹 40

회색코뿔소가 오는 밤 42

소문난 구름식당 45

결빙 소식 48

지구 생각 오후 4시 50

남쪽 바다 사량도에서 52

신용불량자 53

아기고래가 아파요 54

그 여름의 정령들 56

우포라는 늪이 된 사내 58

검은 훈장 60

네가 좋아서 62

움츠린 고양이: 가자지구의 절망 64

대관령 목장 66

3부 세상을 향해 말을 걸다

나의 낡은 아파트	68
노숙자, 영등포역 계단에 잠들다	70
빵이 없네요	71
파리바게트에 가고 싶다	72
박스를 짊어진 남자	73
빈말을 삼키며	74
내 마음이 삭아서	75
겨울이야, 목련	76
지금은 섬으로 가자	78
모델하우스를 부수며	80
큰 개	82
거미의 집	84
섬	86
겨울고양이	88

4부 그리움, 일상에 물들다

나의 얼굴	90
탐진강耽津江에서	93
너의 사막에서	94
나는 도시를 떠난다	95
붕어빵을 사다	96
우리집 냉장고	98
만성질환	100
한 번 깨물어 보세요	102
택배상자를 열며	104
허수아비를 생각하며	106
그리운 어머니	108
암센터 다녀오던 날	109
겨울 공원	110

: 해설

삶을 꽃이라 부르기 위하여 | 박동억(문학평론가)

1부
좌절과 희망을 품다

지금은 집으로 가자

눈 내리는 밤에는

집으로 가자

백열등 켜져 있는 낡은 슬레이트집

창가에는

수런대는 거울이 놓여있다

어머니가 기차가 소리도 없이

지나가는 밤

마른 눈물에 이별을 적셔놓고

콧등에 내려앉은 시름에게

위로하는 밤

홀로 찾아오는 고독에게

무슨 말을 할까

떠나간 이는 어둠을 살라

잠들었던 기억을 깨울 텐데

먼 거리를 돌아온 발자국들은

신발을 털고 거친 숨을 멈출 텐데

눈 오는 밤에는 집으로 가자
술잔 기울이는 소리
뜨거운 국물 넘치는 식탁
침묵으로 이야기를 꺼내
이름을 불러보자
물망초 자운영 짙어 오던
봄날을 그리면서

함박눈

눈 내리는 밤은

너무나 외로워요

술 마시다 문득 생각이 나

차 한 잔 마시자고

이야기 한번 하자고

부르고 싶었어요

오랫동안 사무치던 그 사람

북받쳤던 그 사람

소리쳐 불러보고 싶었어요

그댄 나의 소중한 사랑이었으니까

같이 있을 땐 몰랐어요

그대가 얼마나 따뜻한 사람인지

헤어진 그 순간 알았어요

그대 사랑이 얼마나 아픈 것인지

시간이 흐르고 나니 알 것 같아요

내게서 이미 멀어졌던 그 사람

이렇게 눈이 내리는 밤엔 내게 있어 달라고

소리쳐 불러보고 싶어요

다시 돌아오라고

다시 돌아오라고

그대를 불러보고 싶어요

민들레꽃

개나리보다 더 낮은 곳에서
샛노랗게 세상을 비추는
콘크리트 틈 속에서도
저 홀로 몸을 일으켜 세우는
봄이라고 그랬지

귀한 대접 한 번도 받아본 적이 없이
비가 오면 아무 데서나
새옷처럼 파랗게 이파리를 펴고서
수줍게 고개를 내민
실팍한 생명이라고 그랬지

길에서 자랐지만 움츠리지 않는
너의 꿈
너의 눈물이
야무지게 하늘로 날아

덧없이 가벼워지는 것을

작지만 그렇게 사는 네가 좋아
부끄럽지 않게 당당한 네 얼굴이
너무도 환해
그래서 개나리보다 더 낮은 곳에서
샛노랗게 꽃을 피울 수 있거든

꽃이 된다는 희망

그대도 그랬었지
아직 채 피우지 못한 꽃망울이었을 때
한세상 꽃이 되고 싶다고 그랬지
입술 바르고 향수를 뿌리며
그렇게 세상을 사로잡고 싶다고

붉은 꽃 노랑꽃 파란 꽃
철철이 피어난 꽃도 아닌데
흔들리지 않고 꼿꼿이 서 있을 수도 없는데
나비처럼 날아 춤을 추던
벌처럼 앵앵거리며 꿀을 빨던
화원도 아닌 곳을
그대는 천국이라고 했지

한때 피던 꽃들도
비바람에 그렇게 허무하게 지건만

지고 나면 그렇게 덧없는 한세상인 걸

언젠가 피워 보고 싶다고

언젠가 한번은 휘잡아 보고프다고

그랬지

그깟 꽃이 무슨 소용이기에

백무동에 가면

북적이던 버스터미널처럼
마음도 울렁거린다
이 밤에 지리산을 가다니
장터목 산장의 아린 기억이 솟아나
심야의 졸음을 쫓는다

백무동에 가면
달달한 믹스커피 한 잔을 해야지
아니 그보다 시원한 약수를 한 사발 들이켜야지
이리저리 흔들린 인생이었는데
어둠 속에서도 무언가를 찾아야지
그것이 길인가 사람인가
지난 것들은 알 수 없는 것들에 패배한 지 이미 오래
늘 가고팠던 산이었는데
늘 이루고 싶었던 꿈이었는데

백무동에 가면

너럭바위에 앉아 먼 산 아득하게 쳐다봐야지

어둠 걷히게 뿌연 안개 바람에 보내야지

명료한 것들은 너무 쉽게 패배를 해

천천히 해도 괜찮은 것들

가르쳐 주지 않아도 알 수 있는 것들

이 산에서 배워야지

이 숲에게 물어야지

백무동에 가면

천천히 올라 세상을 봐야지

희망 한 줌 가슴에 담고 돌아와야지

등 기대어주고 손 맞잡아주고 마음 내어주며

그렇게 살아야지

백무동에 가면

아직은 새벽이니까

꽃이 피고 져도

열병이 든 여자의 가슴에서
술 냄새가 났다

기다리다 지친 사람의 마음을
어찌하라고 봄바람은
그토록 취했단 말인가

꽃은 피고 지고
인생의 허물도 그렇게 스스로 무너졌건만
뜨거운 눈길
희멀건 얼굴
도무지 봄 같지 않아

홀리는 바람처럼 소리도 없이 울고 나니
맨눈에서
한 시절 태우다 간

사내가 지나간다

지금도 밤이 되면
혼자서 꿈이 되어버린 사랑

속절없이 봄볕이 잠을 깨운다

폭우 내리던 밤

눌린 셔터에 플래시의 섬광을 본

대지는 겁에 질린 듯

말이 없다

그러다 우울의 기미가 가득해지면

멈추지 않고 내리치는 칼날에게 속삭인다

직진하던 사랑 그 달콤함이

맹렬한 기세로 달려드는 저항이

내게 있다고

이 밤에 되묻는다

안녕하시냐고

외롭진 않으시냐고

젖은 마음을 노크한다

그래서 들여다본 거울 속엔

흰구름 흘러가고

그리움으로 남겨둔 것들

말없이 적셔놓은 것들

가득히 몰고 와
나 홀로 고독했을 기억을 깨운다
먼저 떠난 사랑이야
이 비가 그치면 그만이겠지만
세찬 비바람에 몸져누운 허무는
갈 곳이 없다
이별이 우르르 쏟아진다
그리움, 눈물, 억만 년의 비애가
한꺼번에 몰려온다

눈물이 나요

흐린 아침에
빗물이 기억을 쓸고 가네요
혼자서 묻어둔 그 생각
씻지 말아요
잘못 씻으면 누군가에게 번지잖아요
그리움 같은 것도 그래요
처음에는 어쩌다 생각이 나겠지만
시간이 흐르고 흐르면
전염병처럼 가두어 버려요
그래서 답답해요
갇힌 그 기분 아시지요
외롭고 슬프고 한없이 보고파지는
그런 거잖아요
헤어지더라도
누군가에게 눈물을 보여선 안 돼요
그 눈물이 쌓이고 쌓이면

원망이 되거든요

슬픔처럼 무거운 것도 그래요

눈물이 무거운 건 슬픔 때문이었나 봐요

흘리고 나면 가벼워져요

흐린 아침에

빗물이 그리움을 쓸고 가네요

생각 같은 게 둥둥 떠다녀요

걷잡을 수 없이 많은 것들이

무수히 떠다녀요

이젠 그냥 보내야겠어요

그리움 같은 거 말없이 보내야겠어요

시간이 흐르고 흐르면

잊힐 테니까요

이별은 오후 4시에

그 사람을 마지막 보는 것도
되돌아서 눈물을 흘리는 것도
괴로운 마음에 술을 마시는 것도
오후 4시가 좋겠다

너무 이른 아침부터 기분 나쁘지 않게
늦은 오후라도 슬픔이 시들지 않게
누구라도 붙잡고 위로를 받을 수 있게
오후 4시가 좋겠다

이별하더라도
내 마음 감출 수 있는
따스한 눈빛 식지 않는
그래서 온전히 떠나보낼 수 있는
오후 4시가 좋겠다

아,

사랑도 끝났고

파티도 끝났다

돌아오지 않는데 자꾸만 기다리는

오후 4시

마음 놓고 떠날 수가 없다

실연失戀

툭툭 지나치다

어디쯤 살피다

놓쳐버린 길이란 말인가

표면도 태양의 각도도

그 어떤 것도 실로 섞이지 못한 채

오후 4시의 쪽으로 기운

바람 같은 그림자를 밟고

한때 너를 그리던

혹은 모서리를 돌면서 은밀히 추적했던

정오의 기억이 가냘픈데

그때 나는

무엇이었단 말인가

아무것도 아니면서 무엇인 양

너의 전부를 그리기는 했지만

행복 같은 전율에 감추어진 삶의 색채여

점점 검게 그을린 창가의 낯빛이여

설야

호빵을 찌는데 김이 피어올랐다
그 김이 유리창을 뿌옇게 하였다
손가락으로 창문을 닦으니
하늘에서 목화솜같이 따뜻한 눈이 내린다
눈이 하도 좋아서
양동이에 소복이 담아
방 한구석에 두었더니
어둡던 방을 환히 밝히던 눈이
잠처럼 사르르 녹았다
점점 작아진 몸뚱어리에는 눈물이 가득이다
어찌하여 우는 걸까
슬픔의 내력을 알기 위해 쪼그리고 앉아
하얀 도화지 위에 눈을 그렸다
하얀 것 위에 하얀 것을 그리는
마음속이
더 하얘졌다

어떻게 너를 잊을 수 있겠어

가을인데
바람이 부는데
너를 잊고서 산다는 게
쉬운 일은 아니지
낙엽이 지는데
슬프지 않다는 게 이해가 안 돼

낙엽이 지면
마음이 우수수 떨어져
노랗게 빨갛게 물이 들어
가만히 있어도
하늘이 저렇게 파란데
노을이 저렇게 아픈데
어떻게 너를 혼자 보낼 수 있겠어

시간이 흘러도

햇살이 비치어도
그리운 마음이 멈추지 않는데
아무 일도 없는 것처럼
너를 보낸다는 게 쉬운 일은 아니지

달콤했던 그 향기 그 목소리
끝없이 스쳐 지나가는데
어떻게 너를 잊을 수 있겠어
가을이 간다고
낙엽이 진다고
어떻게 너를 지울 수가 있겠어

선유도에서

수평선에 말없이 누웠다가
날이 저물면
거친 숨을 몰아쉬며 파도가 다가왔다
성난 파도는 먼 바다 이야기를
들려주었다

심연의 바다에도 별이 뜬다고
푸른 해초를 헤치며 가오리들이 날아든다고
새벽녘 푸른 하늘 더욱 검푸러
눈조차 뜰 수 없는 어둔 밤인데
어린 새싹들은 인사를 한다고

선유도에서는
사라진 소녀의 입술에
얼어붙은 눈꽃에
바람 한 번 재우지 못한 섬이

수평선 위에 지친 얼굴 하나 덩그러니 올려놓고
출렁이는 바다에게 묻는다
그리움이 밀려오냐고
이제는 넘칠 때가 되었냐고

선유도에서는
잠잠하던 파도가 말없이 일어선다
더 이상 물러설 곳도 없이 날을 세워
가슴을 친다
바위처럼 무심히 바라보며
달빛 흐드러진 바다에 마지막 눈물 쏟으며
조용히 말을 건넨다

눈사람

이 하얀 밤에 나는 무엇을 할 수 있을까
사랑이 가고 눈물로 지새우는 밤
슬픔을 켜켜이 쌓아 올린 언덕을 본다
어릴 적 꾸었던 꿈들은 어디로 갔을까
야망들은 무참히도 부서졌는데
하늘이 내게 보내준 것만으로
살 수 없다고 울부짖었는데
커다랗게 둥근 것들이 다가온다
순결한 것들은 굴러야 커진다고
뭉쳐야 단단해진다고 넌지시 말을 건넨다
누군가 밤새 쌓아 올린 커다란 것들
마음속에 넣어두고 싶다
때 묻지 말라고 다듬고 또 다듬어 살라고
굴리고 또 굴린 순결한 것들
가만히 가만히 바라보며
이 세상 가까이에 두고 싶다

2부

지구를 생각하다

숨 쉬는 마네킹

나의 집은 여기가 아니야

화려한 조명

마천루의 빌딩이 숲을 이룬

도심의 복판

왼쪽 다리가 부서졌어

버릴까

끌고 다닐까

나의 목소리는 거친 파도와 같아

어느 날 스프링

스프링이 튕겨져 나와

완성된 꿈들이 파편처럼 날아가고

그래서 가게도 공장도 아닌 곳으로

이사를 갔지만

커피를 사주겠다고 하더니

비닐을 씌워주며

마지막 인사를 그렇게 하다니

마음이 자동문처럼 닫혀

두 눈을 치켜떠 봐

아이 렌즈가 뻑뻑하니까

빨대로 쑥 빨아올려 봐

숨이 쉬어질 테니

나무들이 둥둥 떠다닌다는데

바람이 없어

쉬었다 갈 나의 집이 없어

회색코뿔소*가 오는 밤

컴컴한 밤이에요

멀리서 묵직한 발자국 소리가 들려요

천천히 다가오고 있는 것 같아요

하지만 아직은 먼걸요

가까이 오면 두 눈으로 볼 수 있겠지요

그래서 그런지 모르겠어요

늘 그렇지요

막상 만나봐야 얼마나 크고

무서운지 알잖아요

여기도

아이들의 웃음소리가 사라진 지 오래예요

공장에서 일하는 사람들이

갈수록 사는 게 힘이 들다 그래요

날씨도 그래요

이렇게 추운데 별거 아니라고 하잖아요

바닷물이 뜨거워진다는데
점점 비가 오지 않는다고 그러는데

바다 건너 살던 회색코뿔소
이쪽으로 오고 있다는 소문이 들려와요
거기서는 더 이상 더워서 살 수 없다고
너무 목이 말라서 살 수 없다고

그런데 그 코뿔소가 지나고 나면
폐허가 된다지요
걱정스러워요
이미 가까이 오지 않았나요
무서워요

무지무지 힘이 센 그 코뿔소
이길 수 없잖아요

컴컴한 밤이 깊어가요

그 회색코뿔소 어디만큼 왔을까요

보이지 않는데

가까이 오면 안 되는데

묵직한 발자국 소리가 더 또렷이 들리는 것 같아요

제발 가까이 오지 않았으면 해요

* 회색코뿔소: 저출산고령사회, 지구온난화, 부의 불균형 심화 등 어떤 위험의 징조가 지속해서 나타나 사전에 충분히 예상할 수 있음에도 불구하고 그 영향을 간과하여 온전히 대응하지 못하는 상황을 말함

소문난 구름식당

안개가 자욱하던 날이면
식당 앞에는 구름사다리를 타고 올라온 사람들이
줄지어 있었다
구름사다리는 안개가 걷히고 난 뒤
잠깐 동안 걸려 있었는데
언제부턴가 사다리를 타기 위해서 새벽부터
번호표를 받아야 한다는 소문이
쫙 깔려 있었다
소문은 그뿐만이 아니었다
그 식당의 주방장은
칼을 대지 않고 불을 피우지 않고도
요리한다는 것이었다
지구가 이상하다며 메뚜기 여치 방아깨비가 먹을
새로운 메뉴를 만들기도 하고
겨울철이면
맨날 굶주림에 시달리는 고라니 노루 멧돼지들을 위해

특식도 준비한다는 것이었다

어느 날부턴가 주방장은 번개라도 치는 날이면

등심이며 안심을 먹기 위해

일찍부터 줄을 서는 사람들에게

천둥 같은 호통을 내리치지만

식당에 오지 못해 아쉬워하는

나무며 새며 지렁이들을 위해서는

때때로 단비 같은 육수를 내려준다고 한다

그래서 사람들은 그 식당을

특별한 맛집이라고 소문을 냈고

별 다섯 개를 달아주었다

구름 속에서 빛나는 별을 보기 위해

주방장은 요즘

식당 출입문에 "뜬구름탕은 팔지 않는다"라고

써 붙여 놓았다 한다

가스로 지져대는 뜨거운 가마솥에 푹 고아 내는

시뻘건 뜬구름탕

먹어도 먹어도 허기를 채울 수 없는 허탕

이 맛도 저 맛도 아닌 맹탕

사람들의 인기 메뉴를 외면하는 이 식당

언제까지 버틸 수 있을까

결빙 소식

눈부신 세상의 불빛들이
유혹해도
차가운 것들은 물러나지 않았다
신이 내려준 선물이라고
덥석 받아 쥔 폭설이
곳곳에 숨겨둔
희망을 거두어 갔다

각진 얼굴의 굳센 신념들이
바람에 춤을 추듯
배회하고
저울에 올라간 공기는 무거웠다

불안한 청춘에 기대어 가담했던
밀회들은 말없이 사라지고
초조해진 불씨의 기억을 다시 꺼낼 무렵

얼어붙은 것들은
더 굳게 문을 걸어 잠갔다

오늘도 심장은 박자를 잃은 모양이다
뛰다 멈추다 놓친 자국들이 선명하다
넘어졌던가 무너졌던가
더 깊은 곳으로 한파를 안내하는
긴급문자처럼
일상이 흔들렸다는 소식이
현관문 앞까지 밀고 들어왔다

지구 생각 오후 4시

어머니가
맛있는 빵을
비린 고등어를
비닐봉지에 담아왔다
깨끗하고 좋은 거 먹으라고

아버지가
귀여운 강아지 똥을
우리 집 쓰레기를
비닐봉지에 담았다
예쁘고 깨끗하게 살라고

서울에서 온 누나가
냄새 좋은 향초를
비싸고 고운 선물을
비닐봉지에 담아왔다

기분 좋으라고 행복하라고

어제도 그제도
늙은 서점 주인이 나에게 준 시집 한 권
생일 축하한다고 건네준 꽃 한 다발
혹여 터질까 봐 싸고 또 싼 할머니의 김치
비닐봉지에 들어있었다

이러다 나의 눈물이
이러다 나의 사랑이
이러다 아껴둔 나의 행복이
비닐봉지에 싸이는 건 아닐까

숨이 막히는데
너무 뜨거운데
이러다 오후 4시 절망을 담는 건 아닐까

남쪽 바다 사량도에서

사량도에서는 플라스틱이 바람처럼 가볍다

태평양 어디쯤에서 건너와

선착장에 정착한 페트병 한 조각

따개비가 먹고 갈매기가 먹어 저만큼 작아졌을까

파도에 이리저리 쏠리다 저리 닳았을까

사량도에서는

버린 장난감도 조약돌이 되고

부서진 스티로폼도 눈발이 된다

사량도에서는

새도 플라스틱을 먹고

고양이도 플라스틱을 먹는다

그래서 밤이 되면 술 취한 사람처럼 사량도는 비틀거린다

쪽배가 아무리 쓰레기를 실어 날라도

당산나무가 밤새 마을을 지켜도 사량도는 잠을 잔다

페인트 통에서 낙지가 죽고

통발 속에서 꽃게가 숨을 거두어도

신용불량자

겉은 멀쩡해도
속은 불량하다고 내쫓긴 박대가
내 등에도 낙인처럼 찍혀
듬직하던 믿음이
기억이
쓰레기처럼 가득하다
그렇게 몇 번을 돌려 막았을까
쓱 긁고 한 번은 지났을 지하도 입구 365코너
문자보다 먼저 거부를 하여 집으로 가면
한입 가득 비수를 물고 있는
편지함 고지서들
기한을 연장하며 독촉을 해대며
부채負債같이 두꺼운 것들이
밤새 밀고와
말을 건다
넌 이제 끝났다고

아기고래가 아파요

장생포 앞바다에
아기고래가 누워있다
사람들은
태평양 바닷속 이야기를
들려주려고 왔다고 한다
가을 지나 축제가 열린다는
북쪽 바다 소문을 듣고
가던 길이라고 했다

혼자서 거친 파도 헤치며
컴컴한 저녁을 뚫고 온 아기고래
인심 좋다던 사람들이 마중을 나와
커피 한 잔을 건넨다

밤새 누운 아기고래
별을 봐도 속이 아프다

꿈을 꾸어도 북쪽 바다 갈 수가 없다
저기 모래밭에 올라가면
푸른 바다 볼 수 있을까
잃었던 엄마를 만날 수 있을까

사람들은 잠시 쉬어가라고
말을 하는데
왜 이렇게 졸리는 걸까
자꾸만 힘이 빠지는 걸까
인심 좋은 장생포라고 하던데

사람들이 빙 둘러앉아
소곤대는 소리가 들린다
커피 뚜껑이 뱃속에서 나왔다고

그 여름의 정령들

숲이 아팠어요

바다 건너 푸른 땅에는 꽃들이 피었다지요

늦은 오후가 되면 식탁에는

검은 나뭇가지들이 뻗어나요

그곳에는 죽은 열매가 달린다지요

빨간 새 한 마리도 날아와 앉고요

파란 찻잔 속에 살아남은 푸른 이파리 하나

마시고 나면

한 켠에 앉아있는 빨간 새들은

유골 같은 대리석 바닥에서 잠을 자요

깊은 심해 바닷속에 있을 땐 몰랐어요

거기서 피는 꽃들이

딸꾹거리는 어린 소녀의 생채기인 줄

몸을 축 늘어뜨리고 나면

금세 잠이 와요

꿈속에선 시든 꽃들의 잔해만 울렁거려요

깊은 숲속에서 잃어버린 길 같아요
되돌아갈 수 없고요
꽃들의 한숨과 꿀벌들의 웅성거림이
"나만 그런 게 아니야"라고 말을 해요
이끼 덮인 바위를 품에 안으며
수렁에 빠진 발목을 끌어올리며
안에서 외치는 목소리가 있어요
바다 건너 푸른 땅의 꽃들이 피어나요

우포라는 늪이 된 사내

우포를 찾았을 때 처음에는 그가 보이지 않았다
낮 동안 늪 속에 있다가 밤이 되면
검은 흙을 뒤집어쓰고 얼굴을 내민다는 것이다
늪 한가운데는 술병이 사방에 둥둥 떠 있었다
마치 숨을 못 쉰 붕어들이 주둥이를 내미는 것처럼

햇살이 내리쬐던 날
그는 몸을 말리기 위해 물버들나무 위로 올라왔다
온몸에는 비늘이 돋아
사람인지 물고기인지 분간이 안 되었다
사람들은 몇 해 전 세상을 시끄럽게 했던
바이러스 때문이라고 웅성거렸다

어둑해지는 저녁 무렵이 되자
그는 가시연꽃 위에 걸터앉아 술을 마시며
저 멀리 날아가는 따오기에게

마른 오징어나 소시지를 사 오라 소리쳤다
참깨도 털고 배추도 심고 함께 살았으면 했는데
그리할 수 없었다며
어찌 이렇게 세상에 나갈 수 있냐고 되물을 뿐이었다

초승달이 뜨고 바람이 불던 어느 밤
늪 속을 처벅처벅 걸어 나가는 소리가 들렸다
흐느껴 우는 소리 같기도 했다
새들이 부르는 노래라고도 했다
어느샌가 그 소리는 혼자서 내뱉는 소리가 아니었다
새들의 합창이기도 하고 물고기들의 함성이기도 했다

그 소리가 있고 난 후 늪에서는 그가 보이질 않았다
딱딱한 비늘을 벗고 하늘로 갔다는 소문이 무성했다
컴컴한 늪 속에 영원히 갇혀 술을 마시고 있다는
소문이 돌기도 하였다

검은 훈장

태안 앞바다 조약돌
이마에 아픈 흔적이 있다
구름 같던 사람들은
저것들이 무슨 죄냐고
두 손으로 어루만지며
눈물로 닦아주었다
밤새 울던 갈매기들이 울음을 그치자
사람들은 하나둘씩 집으로 돌아갔다
홀로라서 무서웠을 조약돌
쓰린 상처였는데
검고 시린 밤이었는데
그때마다 파도가 찾아와 달래주었다
괜찮다고
그만 와도 된다고
그렇게 사양을 했는데
하루도 쉬지 않고 찾아왔다

태안 앞바다 조약돌
이마에 검은 훈장이 새겨져 있다
사람들이 위로해 준
파도가 달아준 훈장이라고
자랑을 한다
사람들의 손길에
수억 번을 들락거렸을 파도의 발걸음에
아문 흔적을 보면
지금도 눈물이 난다

네가 좋아서

우리 아파트 모퉁이
재활용품 분리수거함 옆에
커다란 곰 인형이 주저앉아 있다
인공호흡기도 꽂혀 있지 않은데
아직은 더 살 수 있을 것 같은데
괜히 서글픈 마음이 들어
집으로 데려왔다
엉덩이도 털어주고
어깨도 한번 올려주었다
함께 살고 싶은데
아내가
버린 것 데리고 왔다고
타박하면 어쩌지 걱정이 된다
저리도 또렷한 눈망울
눈도 오고 바람도 부는데
캄캄한 밤을 어떻게 버텼을까

우리 집에 왔으니 잘해줘야지

콧물도 닦아주고

옷도 빨아주고

재미나게 놀아줘야지

아직은 멀쩡한

터진 속도 없이 따뜻한

저 곰 인형

우리 집에 와서 다행이다

우리 집에 와서 안심이다

움츠린 고양이: 가자지구의 절망

고양이들은 비좁은 어둠 속으로
몸을 감추었다
숨을 쉬기 위해서라고 하였지만
거친 사내들이 쏟아낸 분노를 피해서였다
바다 건너 나무들의 이파리는 성성한가
헐떡이던 짐승들의 허파는 괜찮은가
목숨을 걸었던 유월의 붉은 장미들도 사라지고
간혹이면 불어주는 서풍에 올리브나무들이
어깨춤을 추었지만
나른한 오후가 되면
고양이의 두 눈은 점점 불안했다
어린 새싹들은 티브이를 보며 분노를 쌓고
몸을 기울이는데
시든 오후가 되어도
고양이는 더 이상 발톱을 세우지 않는다
오래된 유전자를 잃은 걸까

길 잃은 사막의 늙은 여우를 탓하고 있는 걸까

이럴 때면 대지를 적시는 노래*가 필요해

분노가 사라지고 있다고

더 깊은 곳에 평화가 찾아온다고

* John Lennon, Imagine (1971. 10.)

대관령 목장

어머니 궁둥이 같은 산으로
생명들이 오간다
목장은 들이 되었다 바다가 된다
풀을 뜯고 있는 암소 한 마리
소라처럼 둘둘 말아
악연 같은 것 밀어 넣는다
몇 번의 되새김이었을까
사랑들 추억들 기억들 죄다 소화를 하고
잠을 잔다
덮어도 덮어지지 않는 배설 같은
인연들이 스쳐 간다
밤새 그녀의 허리 같은 산으로 눈이 내린다
침묵의 울타리 속으로
더러운 세상 가둬놓고
눈물 같은 것 흘러내리는
용서를 가슴에 잉태하면서

3부
세상을 향해 말을 걸다

나의 낡은 아파트

공중부양처럼 떠있는 이곳은

아래로 닿지 못하고

위로도 치솟지 못한

낡은 기억을 가두어 놓고

고개를 드민다

희멀건 형광등 아래 밥솥 하나

가느다란 꼬리를 박아 놓고

몇 날 며칠을 저렇게 웅크리고 있는 걸까

주인의 미소는

계단을 오르다 멈춰 선 지

이미 오래되었다

보증금도 내줄 수 없다고

당장 짐을 싸라고 윽박지른 아침

흡음과 숙취가 점령한

문 앞에는

술병들이 오와 열을 따라

차례로 줄지어 서 있고

열병도 욕망도 더 이상 일어서지 않는다

화려한 이 도시에 거대한 늪이 된

나의 조그만 안식처

부채가 바람처럼 낡은 문을 흔든다

절망도 탄식도 탈출하기 힘이 든

패배를 일삼은 잔당들이

저 산 넘어 무시로 밀려온다

노숙자, 영등포역 계단에 잠들다

알몸이 빠져나간 허물처럼

계단을 점유한 사내가

깊은 오후를 접수했다

다 올랐어야 할 계단의 중턱

그의 얼굴에는

그렇게 차곡차곡 오르고 싶었던

소망들이 묻어있다

에스컬레이터를 타고 오르던 사람들의 모습은

환하다

통통히 살찐 어린 발

계단에 처음 올려놓았던 순간

마냥 뛰어넘을 것 같았던 설렘이 엊그제였는데

떠나온 기차역 한 모퉁이

아, 어머니는 샘나게 매만져 주었을 거다

반듯하게 솟아 있는 콧잔등

칠흑처럼 검은 그 속눈썹

빵이 없네요

아줌마들이 빵을 쓸어갔다
텅 빈 진열대 앞에
남자는 허공이다
아내는 밥 대신 카드를 내밀고
보이지도 않는 지폐가 밥이라고
우긴다
사랑도 그렇게 지폐가 되었던 것은 아닐까
지불하면 그만이었던 사랑
그러다 싫어지면
다른 것으로 사면 되는 사랑
그런 사랑이었을까 봐
덜컹 겁이 난다
발이 움직이지 않는다
진열대에는 빵이 다시 채워지지 않는다
아침인데 허기가 밀려온다

파리바게트에 가고 싶다

엘리베이터 앞에는

빵이 없었다

쩔렁이는 동전에 머리를 조아렸지만

어쩌다 한두 번이었다

전봇대 옆 파리바게트

에펠탑이 그려진 비닐봉지 속에서

흘러나온 냄새가 사람을 죽인다

하수구에서 올라온 냄새도 그랬지만

그래도 그 냄새는 피하면 그만이다

전봇대 옆 파리바게트에서는

사람도 그리 쉽게 죽이는 걸 처음 알았다

지하철 입구 엘리베이터 앞에는 빵이 없다

머리를 조아려도 애처롭게 손을 내밀어도 빵이 없다

자꾸만 시려오는 이 순간

나는 지금 전봇대 옆

파리바게트에 가고 싶다

박스를 짊어진 남자

나는 알지

라이터를 켜다 말고 하늘을 쳐다보는 그 순간을

색바랜 노끈으로 짐들을 묶는 사연을 나는 알지

밤이 되면 왜 빌딩 앞에서 서성이는지

담배를 물면 왜 깊은 한숨을 쉬는지

나는 알지

신문 한 장이 어떻게 사랑을 속삭이는지

꺼져가는 불빛이 얼마나 아쉬운 것인지 나는 알지

내가 나에게 건네지 못한 말들

내가 그냥 그렇게 주저앉아 있을 수밖에 없는 사연들

나는 알지

사람들이 왜 그렇게 수군대는지

왜 내가 아무 말도 할 수 없는지 나는 알지

뜨거운 눈빛보다 말없이 건넨 소주 한 잔이

더 큰 위안이 된다는 걸

나는 알지

빈말을 삼키며

물컹한 순두부를 먹다가
씹지 않고 삼킨 말들이 생각났다
고맙다는
미안하다는 말에 허기를 채웠지만
홀러덩 삼킨 탓인지 못내 아쉬웠던 순간
더 천천히 삼켜도 되었는데
꼭꼭 씹으면서 되새겨야 했는데
씹지 않고 덜컥 삼켰던 말들이 불편했다
건강해지려면 오래도록 씹어야 한다고
한 번 먹고 끝날 일이 아니기에
후루루 삼키는 것에
익숙해져서는 안된다고
일러주었던 기억이 떠올라
순두부를 먹다가 생각했다
삼키지 않고
꼭꼭 씹어야겠다고

내 마음이 삭아서

서울역 지하도 수염 기른 사내가 손을 내밀고 있다
만 원만 달라고 애처롭게 쳐다본다
그 마음이 통했는지
앞서가던 청년이 만 원짜리를 손에 쥐여준다
그 손이 어찌나 아름다운지
한참을 바라보는데
같이 가던 아들이 그런다
아빠는 왜 그냥 가냐고
부끄러움이 확 밀려온다
내 마음 왜 그렇게 폭삭 삭아있을까
푸르던 시절 그 뜨거움은 어디로 갔을까
그때는 그냥 지나치지 않았는데
지금은 왜 그러는 걸까
만 원 한 장 쥐여줄 법도 한데
손가락이 주머니 안에서
한없이 오그라든다

겨울이야, 목련

겨울이야, 목련

벌써부터 망울을 부풀리면 안 돼

아직은 외투를 껴입을 시절이야

더워서 그러는 거지

북극의 바다가 얼음을 깨고

순록들이 헉헉거리고

겨울이야, 목련

지금은 나오지 마

사람들이 철없다고 놀릴 거야

따뜻해서 그런 건데

이렇게 빨리 얼굴을 내밀면 부끄럽잖아

춥지 않다고 춥지 않다고

마냥 행복해할 수만 없어

세상이 적당히 추워야 추억이 담긴 거지

서로를 감싸주는 목도리가 필요한 거지

겨울이야, 목련
수줍은 네 잘못은 아니야
너무 따뜻해서 미안해
너무 일찍 잠을 깨워 미안하단 말이야

지금은 섬으로 가자

어둠이 내리자
빌딩 숲에서 술을 마시던 사람들은
서둘러 섬으로 갔다
검은 강물에 휩쓸려 가지 말라고
선한 생물들 함부로 짓밟지 말라고
당부하며

섬에 다다른 사람들은
누구나 할 것 없이 소원을 빌고 있었다
어둠을 타고 온
사악한 정령들 물리쳐 달라고
연약한 생물들 지켜달라고
빌고 또 빌었다

어느 해부터인가
사람들은

세상이 어두워지면
집에서 가장 밝은 것을 들고 나왔다
분노하지 않고 조용조용 외치는
꺼지지 않고 활활 타오르는
불꽃처럼
고사리 같은 손에도 쥐어져 있었다

밤이 깊어지자
섬에는 하늘에서 내려온 별들로 가득했다
사람들은 그 별들을 보며
먼 길을 걷기 시작하였다

모델하우스를 부수며

너를 세워놓고

나는 본다

내 작은 눈으로 촘촘히 그리고 꼼꼼히

편안함과 뜨끈함 떠났을 때의 아쉬운 미련까지

살피고 또 살핀다

그러다 눈이 마주쳐

질질 끌리는 슬리퍼처럼

아무 데나 흘리는 욕망처럼

빨리 들어오라고 구걸을 하는

그래서 맘에 안 들면 나가도 좋다고

호객을 하는

낡고 허름한 도로변 한 켠의 떴다방처럼

순간 나를 삼키고

사라져 버린 너를 생각하면

이 도시

황량하다

쓸쓸하다

무이자 할부금으로 유혹하던

흐리고 끈적이던 밤

그때 그 순간

내 마음 선착순으로 분양해 줄걸

네가 이미 떠난 이 자리

지금은 너무도 허허롭구나

큰 개

허우대가 큰 놈이 나타나면

난 움찔했다

괜히 저려오는 두려움과

감히 맞설 수 없는

공포가

사나운 발톱 앞에

무릎을 꿇게 했다

골절이 튀어나오도록 짱돌을 쥐고

으스러지도록 이를 악물었지만

바람처럼 달려오는 큰 개 앞에서는

내 두 발은

견고한 성이 되질 못했다

허약한 한쪽의 발이 먼저 포기를 하고

이미 허공에 뜬 다른 한 발이 뒤로 물러섰다

그때마다 큰 개의 두 눈은

내 발뒤꿈치에 달라붙어

송곳니 사이로 침을 끈적였다

그렇다고 큰 개가

내내 쫓아온 것이 아니었다

작은 것들처럼 수고롭게도 소란스럽게도

하지 않았다

만만하지도 교활하지도 않았다

눈빛이 충혈되면 본능처럼 충실하게

나의 영혼을 쫓아내고

자신의 영역을 지배했다

때로는 영혼을 집어삼킬 듯 맹렬했지만

그러나 그것은 흔한 일이 아니었다

무서운 큰 개가

오늘도 대문 앞에서 잠을 잔다

사지를 내려놓고 코를 곤다

나는 그 앞을 지나야 한다

거미의 집

촘촘한 너의 집
어디로 가도 다 보이는
한 바퀴만 돌아도 전부를 알 수 있는
너의 집
거기에는 더 이상 도망갈 수 없는
도망을 쳐도 더 이상 낙원이 아닌
꼼짝없이 두 손 들어야 하는
함정 같은 곳
걸리면 영락없는 지옥이고 마는
몸부림을 쳐도 더 깊숙한 수렁이고 마는
너의 집
어쩌면 그리도 정교할까
반듯하게 빈틈없이
누구에게도 실수를 허용하지 않는
생과 사의 그물
너는 거기서 무엇인가

어부인가

아니면 모리배인가

가만히 지켜보다

길목을 지키다

연약한 생명을 거두어 가는 저승사자인가

염라대왕인가

조금도 용서를 하지 않는

한 치도 빈틈이 없는

너의 집

찬찬히 쳐다보고 싶다

섬

밤이 오면

바람을 따라 하나씩 사라지는 불빛들이

쓸쓸해

비좁은 마음속에서도

여전히 사랑이 웅크리고 있거든

네가 사는 섬에서는

파도가 치는 날이면

때로는 울렁이고

때로는 폭발하기도 해

그러다가도 아침이 되면

언제 그랬냐는 듯 가라앉거든

밤이 되면

너를 보낸 갈매기들이

더 이상 울질 않아

그럴 때면 푸르고 푸른 바닷속 두려움이

솟구쳐 올라

너무도 많은 안개가 포위해

헤엄쳐 나가도

아무리 소리쳐 불러도

물속 한가운데 우두커니 서 있는

네가 없는 섬에서는

도무지 잠이 오질 않아

머무는 것도 뿌리를 박고 사는 것도

모두가 허공이니까

겨울고양이

기억이 나를 붙잡고 있다
뜨거운 양철지붕이 뱉어낸
허파의 숨소리처럼
삶의 허기를 불러다 놓고
진저리난 이야기를 한다
삶이라는 것이
삶이라는 것이 도대체 뭐길래
이리도 막막하게 구는 걸까
부도를 낸 사내는 도망을 치고
혈관은 날이 갈수록 더욱 뜨겁게 팽창하고
천천히 체온을 덥힌 약속마저도 차가운
배반은 견딜 만한가
꽃들은 내일을 기약하는가
꼭대기까지 기어오른 고양이 한 마리
지친 고개를 묻고
해가 질 때까지 떠날 생각을 않는다

4부
그리움, 일상에 물들다

나의 얼굴

셀카를 들고 얼굴을 찍었다

무엇이 묻었는지 찬찬히 살폈다

햇볕에 그을렸던가

어두운 얼굴에는 근심이 배어 있었다

사는 것이 늘 근근해서 밥줄을 겨우 이어올 뿐이었다

내세울 거라곤 집안에 꽂아둔 책 몇 권과

운동화 몇 켤레가 전부였다

어느 해부터인가

안경을 썼지만 가까운 것들이 보이지 않았고

안과에서 약봉지를 타다 날랐다

수염에서 하얀 것들이 섞이면서 검은 안경테 너머로

두 아들은

나보다 더 큰 어른이 되어 있었고

힘이 부쳤다

자글자글한 이마의 주름에도 험한 말들이 박혀 있었다

부끄러움은 씻어도 씻어도 지워지지 않는 것

사포 같던 수세미로 문질러 보았지만 소용이 없었다

책에 올려야 해서 편집을 했다고 그랬다

그러나 사진은 크게 변한 것이 없었다

붉거나 검던 얼굴이 조금 환해졌을 뿐

비틀어진 입이나 찌그러진 눈이

더 주저앉아 있을 뿐이었다

세상이 공평하지 않다고 입에 달고 살았던 불평도

누그러졌다

그렇다고 삶이 나아져서 그런 것이 아니었다

포기를 하였거나 나이가 들어 무뎌져서 그랬다

어제인가 그제인가 이른 아침

거울 속에 아버지가 있었다

가난과 노동에 지친 세월을 술로 보낸

그래서 결국에는 암으로 세상을 떴던

아버지가 버티고 있었다

나는 그 아버지가 싫었다

변변하게 옷 한 벌 차려입지 못하고
여행 한 번 못해 불쌍했던 아버지
궁색한 나의 얼굴에도 그런 유전자가 박혀 있는지
사람들은 소곤거렸다
영락없이 닮았다고
셀카로 찍은 사진 속에 나의 얼굴은 늘 어두웠다

탐진강耽津江에서

어머니 저 강을 건너 어디로 가야 합니까
흰옷처럼 순결한 것들도
저녁이 되면 말없이 자신을 녹여
청동 이끼 낀 거울을 들여다봅니다
둑 너머 나무들 땅에서 버티고
가로등도 없는 신작로를 달리던 버스
어둠에 하차한 채 저렇게 밤이 오고 있습니다
흰밥 수북이 쌓인 생일날 아침
소원처럼 빌어 주시던
발복을 지금 이 강물에 띄워
허리 굽은 어머니께 보냅니다
강 아래 쪽배 하나
여울물 소리 들으며 잠을 자고 있습니다
거슬러 올라가지 못하고
영영 어머니 곁으로 달려가지도 못한
이 밤 서리만 하얗게 또 내리고 있습니다

너의 사막에서

해가 기울면 등 굽은 사내처럼

그림자가 길게 드러눕는 침묵의 언덕에 네가 있었다

세상에 풀어 놓을 욕망도 없이

지친 발을 이끌고 집으로 가는 낙타처럼

나는 순종을 했고 너는 배반을 했다

그리하여 당도한 야자수 아래 비친

지친 얼굴들 더 힘없이 쓰러지고

오지 않을 너를 묻고 또 물었다

언제쯤이면 언제쯤이면 내게로 올 수 있는 걸까

기다림은 행복에 대한 목마름이라고

그리움은 사랑에 대한 갈증이라고

저 바람에게 저 노을에게 말해주었건만

너의 사막에는 기다림이 없다

너의 사막에는 그리움이 없다

단지 홀로 걸어가는 너의 그림자만

길게 늘어서 있을 뿐

나는 도시를 떠난다

낡은 구두 축 늘어진 가방
오랫동안 견뎌준 너의 청춘
가만히 내려놓고
틈틈이 지도 속에 길을 냈다
마지막 남은 전등을 끄고
꺼내지 못한 말에 속내 알아차린
아내는 서운해했다
애들은 어쩌라고 그러냐며 붙잡고 달랬지만
어쩔 수 없다는 체념 같은 것이
눈가에 흘렀지만
나는 잠 속에서도 그림을 그렸다
시내버스가 오지 않는 마을
수염을 기른 무뚝뚝한 얼굴로
차가운 물 한 모금 굽이쳐 들이켜는
사람의 냄새 점점이 찍힌
산속 어딘가를 찾고 또 찾았다

붕어빵을 사다

사방을 오렌지색으로 둘러친 포장마차에서는
뜨끈한 붕어들이 검은 빵틀을 벗고 나왔다
검은 빵틀은 붕어들에게 있어서
추위를 쫓아내고 뜨겁게 몸을 달구는 사우나였다

모래시계가 끝이 날 무렵
빵틀에서 나온 붕어 한 마리
사람들은 그 탱탱한 붕어를 잡겠다고
긴 낚싯대를 드리운다

빠르게 입질이 끝난 붕어들은
봉지에 담긴 채 온데간데없이 사라지고
사람들은 더 빨리 붕어를 낚겠다고 졸라댄다

흰 눈 내리던 날
검은 빵틀 속의 붕어들

물컹한 것들이 단단해졌을 뿐인데
사람들은 입에서 입으로
고소하다고 따끈하다고
그래서 너무 달콤하다고 아우성이다

붕어빵에는
붕어가 없는데

우리집 냉장고

우리집 주방에는
덩치 큰 냉장고가 있다
밀어도 밀리지 않는
든든하게 버티고 서있는
냉장고가

그래서 문을 열면
싱싱하게 먹고픈 것이
오래 두어도 변하지 않는 것이
가득하다

그중에서도
내가 제일 좋아하는 사과가 있고
온 가족 건강하게 먹으라고
담가 놓은 김치가 있다
그뿐만이 아니다

두고두고 전해주고 싶은
사랑한다는 말도 들어있다
부패하지 말고
오랫동안 싱싱하게 있어 달라고
냉장고에 넣어두었다

우리집 냉장고
오래도록 멈추지 않았으면 좋겠다
고물이 되어도 버리지 않았으면 좋겠다
사랑이 거기에 있으니까

만성질환

너무 오랫동안 들어와 있었어
왔던 날이 언제인지도 기억이 안 나
처음에는 그냥 잠시 있다가 가겠노라 그랬지
그래서 아무 생각 없이 그리하라고 했지
밉지도 않고 귀찮지도 않고
불편한 것도 없었으니까
그런데 말이지 어느 날부턴가
은근히 부담되더라고
언제쯤 떠날 것인지 묻고 싶고
떠나 달라고 말을 하고 싶었어
하지만 말하지 않았어
그러다 어느 순간인가 짐이 된 것을 알았어
무겁기도 하고 귀찮기도 하고
어디론가 내팽개치고 싶더라고
그래도 참았지
그런데 참는 게 능사가 아니라는 것을 안 거야

자리를 잡고 나가질 않으니까

마치 저의 집인 양 죽치고 앉아 주인이 된 거지

이제는 뭐라 해도

싫은 소리를 해도 듣지를 않아

큰소리를 쳐도 꿈쩍을 하지 않고

이미 지독한 놈이 되어가고 있더라고

어떻게 하면 좋을까

뾰족한 방법이 없네

말도 안 듣고 나가지도 않고

그러니 먼저 포기를 해야 할까

아니지 주인인데

한 번 깨물어 보세요

어머니 깨물어 보세요
저 토실한 손목을 살포시 깨물어 보세요
오동통한 저것들이 자라
징그러운 것들이 되잖아요
하얗고 부드러운 저것들이
그렇게 드세고 하는 짓마다 미워 보이는
악마 말이에요

어머니 어쩌면 저렇게 순하고 예쁜 것들이
그렇게 변하는지 모르겠어요
하지만 처음부터 그렇게
고약하지는 않았으니까요
세상이 얼마나 힘들었겠어요
그냥 모르고 살았으니
버티고 살았겠지요

어머니 한 번 깨물어 보세요

그 초롱초롱한 눈망울 눈에 넣으시고요

아장아장 걷는 꽁무니도 몰래 따라가 보세요

어쩌면 그리 귀여웠을까요

어쩌면 그리도 사랑스러웠을까요

토실토실한 어깨살

다시 매만져 보고프신 거죠

눈 뜨지 마세요

징그러운 것들이 앞에 있어요

하는 짓마다 미워 보이는 것들이

가득해요

어머니가 힘들게 살아온 한세상

그것들이 버티고 있어요

택배상자를 열며

택배기사가
어느 산꼭대기 쪽방에 내려놓고 간
해진 박스 하나
등불을 불러다 놓고
어디서 왔냐고
무엇이 들었냐고
너덜한 송장送狀에게 묻노라면
시시콜콜한 질문에 귀찮아할 법도 한데
노란 노끈으로 묶인 결박
여기저기 부딪힌 상처에도
순하게 대답을 한다
거친 손으로 되지게 퍼낸
노란 된장 한 숟가락
허리 굽은 오이 한 접
뜨거운 오뉴월 땡볕에 그을린 얼굴이
짜고 매운 삶의 순간을 내보이며

눈물처럼 허기진 그리움을 드민다

곰 삭혀 달려온 세월

외로운 저녁이었을 텐데

뜨거운 눈물이 되었겠구나

허수아비를 생각하며

어두운 밤을 지키는 저 파수꾼
어디서 주워온 영혼일까
죽은 아비가 살아난 걸까
어딘가 장난스러운 미소가
살아있다
긴 팔로 간지럼을 태우던 손
어디에 감춰두고
저렇게 실없이 웃는 걸까
휘이휘이 외쳐대던 낯익은 목소리
들어봄직도 한데
도대체 누구인지 모르겠다
눌러쓴 벙거지 모자 때문인가
그리다 만 눈썹 때문인가
저녁 무렵 왔다간 새들에겐
일러주었을 텐데
왜 말하지 않고 서 있을까

어두운 밤 무서워 말라고
한없이 바라보는 저 어깨가
문득 원망스럽다
죽은 아비가 돌아온 걸까

그리운 어머니

나무들 인사를 하고

먹구름 집으로 돌아가는데

어디에서 컸을까

작은 손가락들

훌쩍 커버린 내 모습

괜시리 서글프네

여기저기 고마운 얼굴들

다 생각나는데

눈물 날 것 같아

더듬더듬 그려보는데

보이질 않는 한 사람

어릴 적 이야기 속에 남아 있을까

좁은 방안에 우두커니 서 있을까

어디선가 말없이

날 바라보네

암센터 다녀오던 날

두어 평 독방에 갇힌 죄수처럼

쪼그라진 어머니를 보면서 한숨이 났다

콘크리트 건물 같던 암세포

흐물흐물 주저앉히며

다시 살 수 있을 거라고

달래던 사람도 어디론가 사라진 공간 속으로

누군가 처벅처벅 걸어온다

질긴 놈 단단한 놈

무시로 쳐부숴도 곧잘 웃고 튀어나온 놈

금세 방 안쪽이다

새끼들 살뜰히 기르던

쇠부리 같던 욕심도 소용이 없다

애써 외면을 하고

쳐다보는 희멀건 하늘에선

언 발같이 차가운 것만

눈앞 가득 쏟아진다

겨울 공원

얼마나 살얼음이었을까

사고가 난 지점에서

마찰의 저항을 바라보았다

삐걱거리며 달려든 아내의 눈물이

왈칵 쏟아져 내릴 즈음

비둘기들은 새우깡을 먼저 낚아채 갔다

흔들리는 그네 속에서 남겨둔 밀어들

눈 속에 파묻혔을까

좀처럼 일어나지 않는다

벌써 막힌 것일까

수도꼭지는 더 이상 뜨거운 물을

내보내지 않았다

씻어내지 못한 아내의 얼굴도

얼어붙었겠지

넘치는 근심을

쇼핑백에 담아두었는데

겨울이 오기 전에 두꺼운 옷자락에

미소를 감춰둘 걸

이층에서 내려다본 은사시나무들이

하얗게 수액을 빨아올렸다

겨울인데 마른 버짐을 피우려고 그러는 것일까

속 좁은 광장에서

뒹구는 운동화 한 짝

지치고 쓸쓸해 보이는 시간이니까

아내만 아니었더라면

볏단으로 기어든 벌레들처럼

들어가 다시 나오지 않았을 터인데

오후의 벤치들은 쓸쓸하다

아이들의 놀이터에서 가져온 추억들이

손가락 사이로 빠져나간다

: 해설

삶을 꽃이라 부르기 위하여

박동억(문학평론가)

1. 회한의 구조

 한 사람이 시를 쓴다는 것은 자기 존재에 대한 최대의 환대이다. 이러한 정언을 곱씹어볼 때, 한 시인이 삶의 상흔을 드러내고 결핍을 마주하는 과정조차 자신을 포용하기 위한 과정이라고 표현할 수 있다. 마찬가지로 위성개 시인의 시집 『꽃이 된다는 희망』은 오롯이 삶을 견뎌낸 그 자신에 대한 헌사이자 시인이 일생 겪어온 고통에 대한 포용력을 드러내는 시집이다. 시집에는 그리움과 고독감 등의 정조가 두드러지지만, 이 아픈 감정들은 부정적인 태도로 다뤄지지 않으며 대신 시적 자아를 피어나게 하는 통과제의로써 긍정된다.
 따라서 위성개 시인의 시쓰기는 그에게 주어진 길을 하나의 소명으로 여기는 지극함의 정신으로부터 비롯한다. "눈 내리는 밤에는/ 집으로 가자"(「지금은 집으로 가자」). 이 작품에서 시인이 향하는 '집'이란 그의 내면을 뜻한다. '집'은 어둠에 감싸여 있고, 시인의 내면은 어머니를 저 멀리 '떠나보내고' 쉽사리 떨쳐낼 수 없는 시름에 잠겨 있다. 하지만 시인은 그 순간에 자신의 고독을 직시함으로써 비로소 그가 머무는 진정한 의미의 '집'을 발견하는 것이기도 하다. 그렇게 한 권의 내면을 소유한다는 것은 한 채의 집을 소유하는 것보다 아늑한 일이다.

눈 내리는 밤이라는 모티프가 위성개 시인의 내적 정경을 이룬다. '눈'의 모티프는 「지금은 집으로 가자」 「함박눈」 등 1부 전반의 시편에서 반복한다. 기본적으로 '눈'이라는 시어는 '세찬 비바람'(「폭우 내리던 밤」)이라는 시어와 함께 깊은 상실을 견디는 시간을 의미한다. 시인은 눈 내리는 풍경 속에서 누군가의 이름을 간절히 부르고 있다. 쌓이고 쌓이는 '눈물'(「눈물이 나요」)과 '얼어붙은 눈꽃'(「선유도에서」) 속에서 그리움은 커져만 간다. 그렇지만 '눈'의 의미를 정확히 하려면 우리는 좀 더 시야를 넓혀서 그가 그려낸 '눈 내리는 밤'이라는 전경을 세심히 들여다보아야 한다.

독특한 것은 이 시집의 화자가 '눈 내리는 밤' 속에 머물고 있을 뿐만 아니라 그러한 정경을 그려내고 있다는 사실이다. 이를테면 시인은 「설야」라는 작품에 "슬픔의 내력을 알기 위해 쪼그리고 앉아/ 하얀 도화지 위에 눈을 그렸다"라고 쓴다. 정경 속에서 그려낸 정경이라는 구조는 다음과 같은 사실을 떠올리게 한다. 사랑했던 이를 상실한 자와 그 상실을 기록하는 자는 구별되어야 한다. 이는 시인이 시쓰기를 통해 그리움에 잠긴 '나'로부터 벗어나 그러한 내면을 응시하는 위치로 옮아간다는 것을 뜻한다. 그렇게 자신의 마음을 풍경처럼 멀리서 바라볼 수 있을 때 고통과의 화해는 가능해진다. 이로써 「설야」에는 눈앞에 쌓이는 눈이 '환하고' '따뜻하게' 느껴진다는 시구가 나타난다. 그렇게 시인은 슬픔에 잠긴 자신을 들여다볼수록 마음속이 '하얗게' 변해간다고 쓸 수 있었다.

    툭툭 지나치다
    어디쯤 살피다
    놓쳐버린 길이란 말인가
    표면도 태양의 각도도
    그 어떤 것도 실로 섞이지 못한 채
    오후 4시의 쪽으로 기운
    바람 같은 그림자를 밟고
    한때 너를 그리던
    혹은 모서리를 돌면서 은밀히 추적했던
    정오의 기억이 가냘픈데
    그때 나는

무엇이었단 말인가

아무것도 아니면서 무엇인 양

너의 전부를 그리기는 했지만

행복 같은 전율에 감추어진 삶의 색채여

점점 검게 그을린 창가의 낯빛이여

— 「실연失戀」 전문

  이 시집에서 '오후 4시'는 회한과 상실의 정조를 뜻하는 개인상징이다. '너'를 추적하던 시간이 밝은 정오처럼 회상된다면, '너'를 놓쳐버린 이후의 시간은 저녁이 다가오는 오후 4시로 암시된다. 또한 '4'라는 숫자 자체의 불길함 때문에 시인은 이 시어를 개인상징으로 택했을 수도 있다. 어느 쪽이든 '오후 4시'는 시인에게 "놓쳐버린 길"이고 그 때문에 회한과 상실감을 불러일으키는 고통스러운 시간이다. 모든 문학 작품이 선택하지 못했던 길에 대한 회한이라고 할 때, 위성개 시인에게도 시쓰기의 기원이 되는 상실의 체험이 존재한다는 사실을 유추할 수 있다.

  한편 시 작품의 시간적 구조는 회상에 기초하며, 그중에서도 회한은 과거의 잘못된 선택을 되돌아보게 만드는 정조다. 회한은 존재에 대한 내밀한 추궁을 끌어내기도 한다. 백일몽에 빠진 자는 가장 내밀했던 순간으로 되돌아간다. 회한에 잠긴 자는 그의 존재를 바꾸어야 했던, 그리고 지금도 바꾸고 있던 결정적인 선택을 떠올린다. 그런데 우리는 다음과 같은 생각 또한 연역할 수 있다. 그의 선택은 그 무엇도 바꾸지 못했을 수도 있다. 따라서 회한은 실질적으로는 어리석었던 과거뿐만 아니라 무력한 현재에 대한 추궁이기도 하다. 회상한다는 것은 현재의 결핍 속에서, 그 결핍을 해소할 수 있는 선택지가 과거에 존재했다는 믿음을 만들어 낸다.

이러한 해설과 함께 곱씹어볼 것은 「실연」 후반부의 시구들이 과거의 것인지 현재의 것인지 모호하다는 점인데, 이 모호성은 "점점 검게 그을린 창가의 낯빛"으로 귀결한다. 간단히 해석한다면, 이 구절은 과거의 상실로 인해서 절망에 빠진 현재의 얼굴을 뜻한다. 하지만 앞선 해설에 비추어 해설한다면, 그의 절망은 오히려 회한에서 벗어나지 못했다는 사실 자체, 즉 '너'와 함께 했던 정오의 햇빛이 다시 드리우기를 고대하는 '창가'를 벗어나지 못했다는 데 있다.

이 때문에 이 시집에는 줄곧 다시 꽃이 피는 '봄'이 노래되지만, 근본적으로 이러한 희구가 과거와의 결별을 배경으로 진술되는 것이 아니기 때문에 끝내 '겨울'에 사로잡힌 이의 마음으로 되돌아간다고 할 수 있다. 시인은 "출렁이는 바다에게 묻는다/ 그리움이 밀려오냐고/ 이제는 넘칠 때가 되었냐고"(「선유도에서」)라고 반문하며 파도 치는 마음이 더 큰 바다에 도달하는 순간을 상상한다. 슬픔을 눈 굴리듯 굴려 더 크고 단단해지는 순간을 상상하기도 한다. 결국 과거를 그리는 내용과 그 아픈 과거를 극복한 자아를 이룩하려는 소망 사이에서 시적 자아는 성립된다.

2. 환경파괴와 전쟁에 대한 우화

시집을 이루는 또 다른 축은 사회비판의 메시지이다. 2부에는 생태계의 파괴를 염려하고 전쟁의 참상을 고발하는 작품들이 수록되었다. 주제의식은 비교적 뚜렷하다. 도시는 진정한 거처가 될 수 없으며, 도시인은 자연이 파괴되고 있다는 사실에 무심하다. 글로벌한 관점에서 지구온난화로 인해서 바닷물이 점점 뜨거워지고 있다는 비판이 제기되기도 하는데(「회색코뿔소가 오는 밤」), 이보다 눈길을 두게 되는 것은 경상남도 지역에서 일어난 환경 파괴를 핍진하게 묘사하는 작품들이다. 사량도에 플라스틱 쓰레기가 유입되어 새와 고양이가 고통받는 상황(「남쪽 바다 사량도에서」)이나 장생포 앞바다의 아기고래 뱃속에서 커피 뚜껑이 발견된 일화 등이 묘사된다(「아기고래가 아파요」). 생태시편 전반은 고통받는 동물을 연민하는 어조를 취한다.

소문은 그뿐만이 아니었다
그 식당의 주방장은
칼을 대지 않고 불을 피우지 않고도
요리한다는 것이었다
지구가 이상하다며 메뚜기 여치 방아깨비가 먹을
새로운 메뉴를 만들기도 하고
겨울철이면
맨날 굶주림에 시달리는 고라니 노루 멧돼지들을 위해
특식도 준비한다는 것이었다
어느 날부턴가 주방장은 번개라도 치는 날이면
등심이며 안심을 먹기 위해
일찍부터 줄을 서는 사람들에게
천둥 같은 호통을 내리치지만
식당에 오지 못해 아쉬워하는
나무며 새며 지렁이들을 위해서는
때때로 단비 같은 육수를 내려준다고 한다
그래서 사람들은 그 식당을
특별한 맛집이라고 소문을 냈고
별 다섯 개를 달아주었다
구름 속에서 빛나는 별을 보기 위해
주방장은 요즘
식당 출입문에 "뜬구름탕은 팔지 않는다"라고
써 붙여 놓았다 한다
가스로 지져대는 뜨거운 가마솥에 푹 고아 내는

> 시뻘건 뜬구름탕
> 먹어도 먹어도 허기를 채울 수 없는 허탕
> 이 맛도 저 맛도 아닌 맹탕
> 사람들의 인기 메뉴를 외면하는 이 식당
> 언제까지 버틸 수 있을까
> ─ 「소문난 구름식당」 부분

  동화적인 상상력을 통해 자연에 대한 연민과 사랑을 표현하는 작품이다. 또한 먹고-먹히는 원초적 관계에 대한 생태적 전환을 촉구하는 사색이 담겨 있다. 제목 그대로 이 작품을 이끌어가는 상상력은 '구름은 식당'이라는 은유에 기초한다. 구름은 수많은 동식물이 먹을 수 있는 "단비 같은 육수"를 만들어내는 식당의 주방장이다. 이때 사람은 고기를 먹고자 하고 구름은 그러한 사람들을 꾸짖는다. 구름이 취급하지 않는 또 다른 음식은 '뜬구름탕'인데, 뜬구름탕은 구름이 전심전력을 다해 만들어내는 '허탕'이자 '맹탕'으로 지칭된다. 이것은 그 누구도 맛보지 못한 이상적 몽상을 가리키는 것일 수 있겠다.

  이때 구름을 의인화하는 동화적 메타포는 자칫 생태적 문제 제기가 야기할 수 있는 불쾌감을 줄인다. 그러나 그 이면에 메시지는 자명한 것이다. 사람은 다른 생명을 살해하고 그 고기를 취하는 잔인한 존재다. 반면 동식물은 언제 문 닫

을지 모르는 구름에 기대어 위태롭게 생명을 이어 나가고 있다. 이러한 대조는 물론 자연을 단순화하고 전형화하는 수사법이기는 하지만 인간의 폭력성과 동식물의 위기를 선명하게 드러내는 데 효과적이다. 그리고 작품을 읽다 보면 자연스럽게 시인이 진정 바라는 것은 전 지구의 생명이 고통받지 않는 미래라고 생각하게 된다.

    고양이들은 비좁은 어둠 속으로
    몸을 감추었다
    숨을 쉬기 위해서라고 하였지만
    거친 사내들이 쏟아낸 분노를 피해서였다
    바다 건너 나무들의 이파리는 성성한가
    헐떡이던 짐승들의 허파는 괜찮은가
    목숨을 걸었던 유월의 붉은 장미들도 사라지고
    간혹이면 불어주는 서풍에 올리브나무들이
    어깨춤을 추었지만
    나른한 오후가 되면
    고양이의 두 눈은 점점 불안했다
    어린 새싹들은 티브이를 보며 분노를 쌓고
    몸을 기울이는데
    시든 오후가 되어도
    고양이는 더 이상 발톱을 세우지 않는다
    오래된 유전자를 잃은 걸까

> 길 잃은 사막의 늙은 여우를 탓하고 있는 걸까
> 이럴 때면 대지를 적시는 노래가 필요해
> 분노가 사라지고 있다고
> 더 깊은 곳에 평화가 찾아온다고
> ― 「움츠린 고양이: 가자지구의 절망」 전문

 가자지구를 묘사하는 작품에서도 고양이의 비유를 사용함으로써 잔혹한 묘사나 참상에 대한 직설은 감춰놓았다. 그럼에도 이미지에 드러난 암시는 쉽게 유추할 수 있다. '거친 사내들의 분노를 피해 달아난 고양이'라는 이미지는 곧 가자지구에서 벌어지는 폭력이 부당한 것이고 일방적인 것임을 고발한다. 사람 대신 고양이를 초점화함으로써 가자지구에서 자행된 폭력은 직접 드러나지 않지만 "헐떡이는 짐승들의 허파"와 불안에 잠긴 "고양이의 두 눈"에서 가자지구의 불안과 고통이 커지고 있다는 사실을 유추할 수 있다.

 흥미로운 것은 고양이의 마음속에서 '분노가 사라지는' 상황을 "더 깊은 곳에 평화가 찾아온다고" 반어적으로 결론짓는다는 점인데, 분노가 거세된 고양이를 평화의 상징으로 내세울 때 독자가 느끼는 아이러니는 커진다. 따라서 여기 주창되고 있는 것은 절대적 평화주의라고 할 수 있다. 고양이는 야생 상태의 "오래된 유전자"를 잃어버리고 더 이상 저항하거나 분노할 수 있는 여력조차 없다. 진정한 의미의 식민 상태가 자신의 처지를 스스로 선택하는 것이라고 믿는 상태라면, 이 작품의 고양이에게 찾아온 '깊은 평화'란 바로 그러한 체념적이고 순응적인 평화라고 할 수 있다.

이처럼 위성개 시인의 생태시와 사회시는 첨예한 사회문제를 언급하되 그것이 지닌 첨예한 갈등은 드러나지 않도록 우화적인 수사법을 취한다. 이는 그의 시가 타인에 대한 배려에 기초한다는 사실을 보여준다. 또한 그의 시는 "인심 좋은 장생포"(「아기고래가 아파요」)와 같이 직접 대면하고 호혜를 베푸는 마을 공동체의 윤리를 원형으로 삼아서 이것을 범세계적인 윤리로 확장하고 있는 듯 보인다. 기름이 유출된 태안 앞바다의 조약돌을 '돌보는' 사람의 손길을 아름답게 묘사하고(「검은 훈장」), 커다란 곰 인형에 새 생명을 불어넣는 것도 사람의 너그러움이다(「네가 좋아서」). 이와 같이 마을 공동체의 윤리는 추상적인 관계가 아닌 직접적 접촉에 기초한다. 또한 이러한 표현은 사람이 곧 자연을 보호하는 행위자가 될 수 있다는 믿음을 드러낸다.

3. 어머니께서 보듬으시듯

마지막으로 시인의 생활과 가족 경험에 우러나오는 시편들을 살필 수 있겠다. 그가 생활과 도시 경험을 묘사하는 데는 욕심을 멀리하고 베푸는 마음을 간직하고자 하는 양심적 태도가 두드러진다. 미납된 고지서가 쌓이고 기댈 곳이 없지만, 시인은 자신의 궁핍을 연민하기보다 저 도시의 불행한 이들에게로 눈 돌린다. 노숙자와 빈자와 같은 하층민에게 눈길을 두며 그들을 더 깊이 심려하지 못하는 자기 양심을 가책한다. 이를테면 「내 마음이 삭아서」라는 작품에서 구걸하는 남자에게 선뜻 호의를 베풀지 않는 자신을 반성하며, "내 마음 왜 그렇게 폭삭 삭아있을까/ 푸르던 시절 그 뜨거움은 어디로 갔을까"라고 말해보는 것이다.

또한 시집에는 어머니의 애틋한 사랑, 어머니의 투병과 고통, 항상 지친 얼굴이었던 아버지와 그 아버지를 닮아가는 자신 등 가족에 대한 작품들도 상당수 포함되어 있다. 대부분의 사람에게 그러하듯, 위성개 시인에게도 어머니의 존재를 떠올리는 것은 그를 품어주는 휴식처를 떠올리는 일과 마찬가지다. "어머니 저 강을 건너 어디로 가야 합니까"(「탐진강耽津江에서」)라는 시구처럼 어머니는 삶의 길을 잃지 않도록 만들어주고 세상을 너그럽게 대할 수 있도록 해주는 마음의 지침이다. 더욱이 어머니는 "어머니 궁둥이 같은 산"(「대관령 목장」)이라는 표현처럼 생명의 원초적 터전을 뜻하기도 한다.

알몸이 빠져나간 허물처럼

계단을 점유한 사내가

깊은 오후를 접수했다

다 올랐어야 할 계단의 중턱

그의 얼굴에는

그렇게 차곡차곡 오르고 싶었던

소망들이 묻어있다

에스컬레이터를 타고 오르던 사람들의 모습은

환하다

통통히 살찐 어린 발

계단에 처음 올려놓았던 순간

마냥 뛰어넘을 것 같았던 설렘이 엊그제였는데

떠나온 기차역 한 모퉁이

아, 어머니는 샘나게 매만져 주었을 거다

반듯하게 솟아 있는 콧잔등

칠흑처럼 검은 그 속눈썹

— 「노숙자, 영등포역 계단에 잠들다」 전문

  고되고 빈곤한 생활을 이겨내는 양심적 태도는 어머니를 그리는 마음과 나란히 놓인다. 또한 타인의 고통을 심려할 때도 가없이 베푸시던 어머니의 마음을 떠올려 본다. 다시 말해 어머니라면 저 사내를 "샘나게 매만져 주었을" 것이라는 확신 속에서 그는 자신이 행해야 할 도덕적 원칙을 떠올린다. 그것은 다름 아니라 가난한 자의 마음을 심려하고 그가 견뎌왔을 상실의 무게를 가늠해 보는 이해의 노력이다. 제목처럼 계단에 잠들어 있는 한 노숙자를 바라보며, 시인은 그가 견뎌야 했을 삶의 계단과 그가 어린 시절 간직했을 달뜬 소망을 상상해 본다. 또한 어머니의 손짓을 빌려 그를 내밀하게 보살피는 연민의 자세를 취해본다.

결국 이 시집이 이루는 것은 마음에 대한 지극함이며, 가난과 고통 속에서 그 내밀한 정신을 지속하기 때문에 진실성을 담보한다. 그리고 그 원천으로서 어머니의 가없는 사랑이 중심에 놓인다. "어머니가 힘들게 살아온 한 세상/ 그것들이 버티고 있어요"(「한 번 깨물어 보세요」). 어머니께서 살아낸 만큼 자신 또한 이 삶을 버텨낼 것이다. 그렇기에 위성개 시인의 시집 『꽃이 된다는 희망』은 단순한 정서의 표출이 아니라, 삶의 무게를 견디고자 하는 윤리적 태도의 기록이다. 그의 언어는 부드럽고 겸손하며 동시에 깊고 단단하다. 그는 상처받은 자들을 향해 손 내밀고, 살아가는 모든 존재의 고단함에 귀 기울이며, 그 마음의 풍경을 담담히 노래한다. 결국 이 시집은 겨울 속에서도 피어나는 꽃 한 송이처럼, 그 어떤 괴로움 속에서 세상을 환한 꽃이라고 발음하려는 끈질긴 기록이자 한 시인의 조용한 선언이라고 할 수 있다.

159
현대시학 시인선

꽃이 된다는 희망

초판 1쇄 발행	2025년 8월 25일

지은이	위성개
발행인	전기화
책임편집	이주희

발행처	현대시학사
등록일	1969년 1월 21일
등록번호	종로 라 00079호
주소	서울시 서대문구 충정로 11길 26 현대빌딩 101호
전화	02.701.2341
블로그	http://blog.daum.net/hdsh69
이메일	hdsh69@daum.net
배포처	(주)명문사 02.319.8663

ISBN	979-11-93615-38-6 03810

○ 책값은 뒤표지에 있습니다.
○ 이 책의 판권은 지은이와 현대시학사에 있습니다.
 이 책 내용의 전부 또는 일부를 재사용하려면 반드시 양측의 서면 동의를 받아야 합니다.
○ 잘못 만들어진 책은 구입하신 서점에서 교환해 드립니다.